TENAZA
DE BRONCE

Título: **Tenaza de bronce**
Autor: **Gaztea Ruiz**
Editorial TintaMala
ISBN: 978-84-16030-29-3

TENAZA
DE BRONCE

Gaztea Ruiz

...en la madrugá
abre la luna por medio en medio
el verde, verde olivar.

Francisco Moreno Galván

Yo soy cante, cuaresma que no acaba,
arenal de un mar de vinagre libre
en la patria podrida del destierro.

Rompo del mediodía la campana
alegre, con mil caracolas tristes
que mojan el mojado desaliento.

Rumio sombras porque soy luz dañada
rebotando en bocas y raíces.
Predico la materia del lamento.

De sangre nazco y sangre derramada
probé en la hora y el punto de mi origen.
Soy quejoso tronco de bronce y viento.

Y contra la hembra fría que apaga albas
me lanzaré con ayes y con abriles
para ablandar sus estañosos senos.

ÍNDICE

ALLÍ ESTABA

Allí estaba hace una semana, en medio de la estación de tren de Granada. Molido por el viaje, pero aliviado por no tener que haberlo sufrido a pie. Como un peregrinito, Diego Bermúdez Calas, 'el Tenazas' de Morón, venía para participar en el Concurso de Cante Jondo.

Corta estatura, cara impasible, ojillos pequeños, claros, un poco perdidos. Figura solitaria en el andén, con el traje nuevo que le habían comprado, con su sombrero de ala ancha, su bastón y sus botas camperas.

Llegaba desde Puente Genil, donde todos sus amigos le decían que era más viejo que la Mezquita de Córdoba y no les faltaba razón a esos gachós, porque juntaba setenta y dos otoños y pocas ganas de morirse.

Así que tenía guasa ver llegar a Granada hace una semana a un vejestorio como aquél, con la intención de apuntarse a un concurso de cante para aficionados. Y es que de 'el Tenazas' se podían decir muchas cosas, pero no que fuera un joven aficionado recién llegado al cante.

Mientras dejaba la estación a su espalda y se adentraba en la ciudad iba pensando en si merecía la pena el trabajo que se estaba tomando, porque quizá no le dejaran participar en un concurso para aficionados habiendo sido él de joven cantaor profesional. Y también pensaba en que, si le dejaban, iba a ser un abuelo rodeado de muchachos.

Y anda que te andaré por esas calles, dejando suelta su imaginación como un potro sin amo, con lo pasos que iba dando y conforme le empezaban a doler los pies por la caminata, se acabó acordando de una seguiriya de su maestro Silverio, ésa que decía 'Yo he andaíto la Francia…'

Seguiriya cabal de Silverio Franconetti

Yo he andaíto la Francia,
Sevilla y Portugal,
una carita como tú la tienes
no he podío encontrar.

Con estos entretenimientos de caminante sin compaña, para cuando volvió a notar la fatiga que acumulaba, cayó en la cuenta de que se había perdido.

Se le había hecho muy tarde. Estaba ya Granada sin sol y, por ese orgullo tonto de no preguntar, empezó a dar vueltas desorientado. Tenía voluntad de llegarse a dormir en la pensión de la tía Tomasa, cerca de la iglesia de Santa María en la calle Real, pero acabó despistándose por las callejas. Y estaba tan oscuro que veía menos que un burro tuerto, de modo que su principal tarea pasó a ser preocuparse de mirar bien al suelo para no tropezar.

Entre el dolor de pies y que no veía bien, iba pisando con mucho tiento, como un cieguito. Y en ésas notó algo blando y resbaladizo por lo bajo, así que echó mano a la pared que tenía más cerca, para evitar el costalazo de la caída.

Había reventado un membrillo podrido y su carne estropeada había quedado entre el suelo y la suela de su bota.

Se quedó mirando aquello como si fuera una aparición.

Más cansado que un jornalero y con los pies en revolución, pisando aquel membrillo antiguo en un callejón de Granada comprendió mucho de lo que Silverio le había enseñado. Le dio por cavilar que cuando la carne va muriendo queda la pena.

Fue hace una semana y, desde entonces, cada vez que ha cantado, la boca y el aire no le han vuelto a saber igual.

'El Tenazas' lleva vivido un rato, ha bregado ya lo suyo y sabe de sobra a dónde vamos todos. Sabe que, más pronto que tarde, nadie se libra de decir 'se acabó', dejando en el suelo de cualquier esquina un velón y una manta. Pero en Granada ha aprendido por una fruta muerta que, mientras llega ese final, queda el sentimiento, que se hace cada vez más grande. Pudre y merma la carne, crece el 'sentío'.

Tangos (Federico García Lorca y Omar Kayyán)

Pregunte por quien pregunte,
dime, ¿a ti qué se te importa?
Vengo a buscar lo que busco
mi alegría y mi persona.

Se acabará mi querer,
se acabará mi llorar,
se acabará mi tormento
y todo se acabará.

Siguió su camino de paseante perdido y, en hora propia de lobos, logró llegar a la posada y suplicó una cama. Se durmió reventado de fatiga, dudando de si estuvo en sus cabales el rato en que se le ocurrió presentarse a este concurso.

Con el nuevo día no tuvo buen despertar, que se levantó lo justo para almorzar y volverse a la cama. Pasó unos ratos agoniosos porque, con más de setenta, ya no estaba para muchos pagos.

Pero si Dios aprieta, no hay que dejarse 'ajogar'.

Y al día siguiente, este pasado jueves, más por vergüenza que por ganas, dejó la cama y se fue a apuntarse al dichoso concurso en el Círculo Artístico de Granada, porque desde allí lo organizaban.

—Buena, que soy 'er Tenasa' de Morón y vengo a apuntarme a lo del concurso —dijo al que tomaba nota de los que querían concursar.

—¿Perdone?

—Que vengo a lo del concurso…

—¿Es usted aficionado?

—Talmente —le dijo con sequedad.

—¿Aficionado… pero cuántos años tiene? —le preguntó el otro, algo incrédulo.

—Me ve usted hecho un carcamal ¿verdá? Pue no se equivoque, que aparento sisenta y nueve pero tengo sisenta y ocho. Soy un chavea. Apúnteme ya, miarma, que no traigo el temperamento pa conversasione.

Aquel secretario de levita le miró con cara de cuervo, porque era de esos que no miran, sospechan. Después le dijo que tenía que ir a pasar una prueba esa tarde en la taberna de Antonio Barrios, 'el tío Polinario', que era buen cantaor, entendido de pintura y de los pocos que no echaba agua al vino. Tenía 'el Polinario' su taberna montada en el bajo de su casa, que había sido en tiempos lejanísimos unos baños árabes.

Así es que, por la tarde, otra vez pasito a paso, se acercó para hacer la prueba del concurso. Iba mirando cruzado, que es como mira la angustia, pidiendo a un 'dibé' del cielo que no le dejaran fuera a las primeras de cambio. Llegó y se puso a ver cómo estaba la taberna y a escuchar un poco a los otros cantaores.

En aquellas pruebas estaban presentes Don Manuel Falla y Miguel Cerón, junto con los otros encargados principales del concurso. Estaban como en una tertulia de arcángeles sabios, muy juntitos alrededor de una mesa, con Federico García Lorca en medio.

En sus tiempos mozos, hacía ya medio siglo, 'el Tenazas' había cantado como profesional y visitado unos cuantos pueblos y ciudades de Andalucía. Una vez, en aquellos años lejanos, subido en el escenario ofreció lo mejor que tenía por soleares y siguiriyas y el público ni se movió. Después salió un chiquillo por fandanguillos, que a él le sonaron fáciles, vacíos y pegajosos. Pero la gente se rompió las manos a aplaudir. Entonces se prometió Diego Bermúdez no volver a cantar nunca más y regresó a las faenas que tan bien conocía en los olivares, las pocilgas y las huertas de Puente Genil.

Hasta ahora. Hasta el día en que llegó a sus manos, arrastrada por el viento, la hoja arañada de un periódico con el anuncio de este concurso de cante jondo. Y hasta el día en que al Alcalde de ese pueblo cordobés de Puente Genil, don Antonio Romero, hizo una colecta para pagarle el traje y el billete de tren.

Así que entró 'el Tenazas' en la taberna de 'el Polinario' para hacer

la prueba, como una hormiguita, acordándose de los cortijos, de la cansera, de los sudores, la soledad y la miseria, diciéndose por lo bajo:

—Diego, ha llegao hasta aquí y no e momento pa arrugarse.

Se sentó en una esquinita. Le recibieron sin extrañarse, como si le conocieran. Supuso que se habría corrido la voz de que un viejo se había apuntado al concurso y le tendrían bien localizado. O a lo mejor, también supuso, es que ni le habían visto. Decidió no darle más vueltas a la cuestión.

Se habían apuntado inicialmente 177 cantaores y estaban haciendo la criba final. El programa señalaba con claridad que había que cantar sin adornos siguiriyas de Silverio. Y también serranas, cañas, polos, soleares, martinetes, tonás, carceleras, livianas y saetas viejas.

Después de escuchar a un par de cantaores, hubo un descanso. Lorca estaba contando, con esa alegría rara que tenía, que había tomado clases de guitarra en su pueblo, en su Fuente Vaqueros, de su paisano Frasquito 'el de la Fuente' y de 'el Lombardo', que también era cantaor además de tocaor.

Y entonces el muchacho se puso muy serio y empezó a hablar con una voz oscura que saltaba como las ranas en la charca: que si la mujer es el corazón del mundo, que si la mujer en el cante se llama pena y otros parlamentos parecidos. 'El Tenazas' se acordó del membrillo, de la carne podrida y del sentimiento, pero se estuvo calladito, por no decir ninguna impertinencia. Lorca continuó y preguntó al aire:

—El cante… ¿tiene algo que no sea noche ancha y profundamente estrellada?

Se hizo el silencio. El viejo cantaor iba a contestar que el cante no es industria, que es culto, pero no abrió la puerta a esas palabras. En cambio, le hizo una seña al tocaor:

—Por soleá —le dijo sin levantar apenas la voz.

Obediente como un niño chico bien educado, cogió su guitarra y se tomó en colocarse el tiempo que tardó 'el Tenazas' en echarse dos buenos buchitos de vino de una botella que había por allí,

sin dueño. Todos seguían atentos la escena, vencidos por la curiosidad, mirando un rato la guitarra, mirando otro rato el vaso de vino. Con el tocaor listo y comprendiendo que estaba todo en conformidad, se ajustó el sombrero cordobés y se arrancó.

Soleá

Tiro piedras por la calle
y al que le dé que perdone,
tengo la cabeza loca
de puras cavilaciones.

Pena no puedes tener,
eres tú gitana buena
y me robas el querer.

Yo le rogaba a mi Dios
que me alivie las duquelas
que hay en mi corazón.

Le escucharon como metidos para sus adentros. Pusieron una cara tan reconcentrada que parecían un puñado de almas viejas. Y entre todos, acabando su cante, 'el Tenazas' se había convertido en el más limpio y el más joven.

Uno se puso a pegar gritos, Falla sonreía y Lorca se tapaba la cara como si estuviera haciendo una plegaria a dioses olvidados.

M. FALLA

BATUTA

Batuta. El compositor, tan reservado la mayoría de las ocasiones, esta vez cogió su silla y la acercó a la del cantaor. Los demás no se movieron y quedaron los dos solos. Y don Manuel, que era como un monje de marfil con una invisible batuta en la mano, le dijo que había cantado maravillosamente y que pasaba la prueba eliminatoria sin pensarlo más. Que sufría por no poder trasladar a los pentagramas de su música las terceras y sextas neutrales del cante. 'El Tenazas' le miraba como mira a las nubes un preso que acaba de recuperar la libertad, cegado y feliz, sin saber por qué ni por qué no.

Y también le dijo Falla que el cante era un tesoro de la Andalucía más pura.

—Andalucía es profundamente seria hasta cuando ríe —le explicó.

Se acabó de preparar don Manuel un cigarrillo que sacó de una cajita medio liado con papel especial y tabaco rubio Príncipe Albert. Le ofreció y el cantaor le cogió otro. Acabó Falla liando el suyo con un canutillo de cartón que tapó con una bolita de algodón, empujándola a golpecitos con un palillo de dientes, como si de un laborioso conjuro se tratara. 'El Tenazas' se encendió el suyo de la misma, sin tanto protocolo, asustado y mudo, paralizado por la intimidad con don Manuel. Le hablaba el compositor gaditano y era como si 'el Tenazas' fuera una Virgen Macarena, estatua inamovible, a la que estuviera haciendo una ofrenda.

—Ustedes los cantaores —continuó Falla— llevan la cultura en la sangre. Tienen duende, sonidos negros. Lo que todos sentimos y nadie sabe explicar. De ustedes depende que no muera el cante jondo, cuya originalidad insospechada se revela ahora como única en el mundo. Hay españoles que se apartan de él con desprecio, porque lo consideran algo pecaminoso y emponzoñado; son esos que confunden flamenco con cante jondo. Porque no es lo mismo lo que hacen ustedes los cantaores que lo que hacen los cupletistas. Y para preservar el cante hemos organizado este concurso. Y gracias a este concurso he podido yo escucharle ahora a usted, que acabo de escuchar, sin ninguna duda, verdadero cante jondo.

—¿Confunden flamenco y cante jondo? —se atrevió a preguntarle 'el Tenazas'.

—Sí —le contestó clavándole los ojos—. El cante es un tesoro de belleza que amenaza ruina y que está a punto de desaparecer para siempre. Exceptuando algún cantaor en ejercicio y unos pocos ex cantaores ya faltos de medios de expresión…

—De eso sé yo un poquillo —pensó el cantaor echándose la mano al pecho.

—…Lo que está quedando hoy en vigor del cante —siguió Falla— no es más que una triste y lamentable sombra de lo que fue y de lo que debe ser. El cante grave, hierático de ayer, ha degenerado en el ridículo flamenquismo de hoy. Se adulteran y modernizan sus elementos esenciales, se dejan llevar por el decadentismo de la mala época italiana. Hay que salvarlo de la guitarra juerguista, del vino sombrío del chulo profesional, porque aún estamos a tiempo y usted lo acaba de demostrar con esta soleá.

Aunque siempre había defendido la pureza del cante, a 'el Tenazas' le entró el ánimo de decirle a Don Manuel que era un poquillo exagerado y que no se puede apretar tanto el cinturón a los buenos artistas. Y hasta le cruzó un instante por el entendimiento preguntarle por qué en el concurso no había lugar para la malagueña, la granaína o la petenera.

O hasta para los fandangos. Porque se acordó de ése tan bueno que cantaba Frasquito 'Yerbabuena'. Ése del que Frasquito había cogido el mote.

Fandangos de Frasquito 'Yerbabuena'

No prosperan las mentiras
y en la corriente del agua
la yerbabuena se cría,
si me has de olvidar mañana
¿a qué vienes en busca mía?

Pero sus entendederas le dijeron a 'el Tenazas' que era mejor no discutir sobre lo que era cante jondo de verdad y optó por ser prudente. Pensó que doctores tiene la Iglesia y que Grecia tuvo sus siete sabios, a cuyo lado no desteñía ni un poco Don Manuel.

Así que escuchó y calló.

AZÚCAR

zúcar. Al día siguiente, este jueves, la cabeza todavía le zumbaba como un panal de oro, recordando su charla con Falla. También le vino a la imaginación Miguel Cerón, que aunque no había dicho gran cosa en la taberna de 'el Polinario', se estaba haciendo cada vez más presente en el pensamiento de 'el Tenazas'. No podía dejar de recordar cómo había estado todo el rato sentadito en su silla, como un faraón, reconcentrado en el cante casi sin pestañear.

Y tras tanta palabra extraña del día anterior, se fue a buscarle porque llegó a la conclusión de que debía de ser el más limpio y el más cabal de todos. Fue pidiendo sus señas a unos cuantos y al fin, cuando se iba otra vez a la taberna, se lo encontró en la calle:

—Don Miguel, miarma, me alegro de verlo —le dijo.

—¡Hombre!, 'el Tenazas'.

—El mismo que viste y canta.

—Y muy bien, por cierto. Se lo dijo ayer don Manuel y se lo repito yo.

—Iba pa donde 'el Polinario'.

—Yo también —le contestó divertido Miguel Cerón.

—Pue, ea, allí vamo junto. Que tengo yo mucha curiosidá en saber cómo han montao ustede este concurso. Que cuanto má sé, má locura me parece. Pero locura güena. No pensaba yo que nadie de ustede lo ilustrao quisiera tanto el cante. E una locura que me tiene loco. Cuénteme. Que alguna cosa me ha dicho don Federiquillo, pero quiero que me lo cuente usté con má calma y má enjundia, si le parese bien.

Así se fueron 'el Tenazas' y Miguel Cerón juntos, mientras el segundo le contaba lo del Sindicato, que así se bautizaron los que organizaban el concurso.

—El sindicato del crimen.

Le interrumpió 'el Tenazas', por hacerle una gracia, pero no le hizo mucha y le puso una cara muy seria durante un rato, aunque no dejó de hablarle del concurso y de Don Manuel de Falla.

Miguel Cerón le contó que la idea había sido suya y de unos pocos más y que se les había ocurrido estando en una de esas casas de campo que en Granada llaman cármenes, propiedad de Fernando Vílchez, en el que solían repetirse las tertulias sobre el cante jondo, sus orígenes y su futuro. Le contó también que salió adelante la idea del concurso durante un paseo que dio con Falla terminado el verano, un paseo de ellos dos solos por los Jardines del Generalife, cuando el compositor le dijo que sí, que podían contar con él para lo que hiciera falta.

Mientras le contaba esto volvió a sonreír y pareció olvidarse del enfado por la broma del sindicato. Puso cara de niño pillo mientras se reía al decirle:

Con Don Manuel subido al carro todo fue ya distinto. Ya teníamos el camino despejado. Al pueblo nos hemos de dirigir y por el pueblo lo hacemos todo. No se puede dejar perder el flamenco, porque no es nuestro. Nosotros somos de él, nosotros somos flamenco.

Y le contó, llegando ya a la taberna de 'el Polinario', que decidieron llevarlo a través del Centro Artístico al que pertenecían casi todos, que les sirvió para el disimulo de no parecer unos pedigüeños cuando escribieron al Ayuntamiento para que soltara los cuartos y lograron que les dieran 12.000 pesetas. Y le dijo, además, que entendieron que no había fecha más señalada en Granada para este concurso que la fiesta del Corpus Christi.

De modo que, pensó el cantaor, así habían trabajado y por eso había llegado él hacía cuatro días a esta ciudad: para cantar por derecho.

También reflexionó sobre cómo, entre tanta personalidad, pasaban la mayoría desapercibidos. 'El Tenazas' consideró lógico que, al lado de tanto genio señalado, ni él ni el bueno de Miguel Cerón despuntaran. Pero sospechó que había sido él la cabeza que montó todo, porque juntaba su buena afición por el cante con su saber mandar y organizar, puesto que era dueño de una fábrica de azúcar en la Vega de Granada.

Se enteró más tarde el viejo cantaor de que hacer este concurso no había sido un camino suave para ellos. Porque había habido

malajes que les criticaron mucho, que algunos no se sabe para qué van a las universidades si vuelven más brutos todavía. Les atacaron a los del sindicato un coro de protestantes, unos cuantos liados en comandita de corto entendimiento, de esos que no quieren darse cuenta de que hay monumentos que se pueden tocar, como la Alhambra, mientras que otros son catedrales en el aire, como el cante jondo. Estos 'desaboríos' dijeron que el concurso era otra españolada más, un vicio tabernario vestido de gala que mona se iba a quedar. Y hasta el pobre Falla tuvo que combatir estos puyazos en el periódico El Defensor de Granada.

Hablando con Miguel Cerón vio 'el Tenazas' lo mucho que venían sufriendo con estas cosas que decían contra el concurso y contra ellos. Y se acordó de esa serrana que acaba diciendo 'pobrecita y qué noche estará pasando'.

Serranas de Silverio Franconetti

Aurora por la noche
bajó llorando,
pobrecita y qué noche
estará pasando.

LIRIO

irio. Entró con Miguel Cerón en la taberna de 'el Polinario' y pasaron una tarde memorable. Para acabar aquel día de lujo, antes de irse todos a dormir, subieron los dos con Federico García Lorca y con Don Manuel a la Silla del Moro, detrás de la Alhambra, siguiendo una vereda entre olivos. Les hizo algo de viento que movía las olivas mientras la luna jugaba al escondite entre ellas. Lorca se paró, como si hubiera visto un duende, y dijo:

—¡Los olivos se están abriendo y cerrando como un abanico!

Ese muchacho tenía unas ocurrencias que le dejaban pasmado. A 'el Tenazas' le gustó tanto aquello que había dicho el poeta que allí mismo, entre olivos, luna, viento y muralla de La Alhambra, se echó un cantecito con el único acompañamiento de la noche.

Petenera

De mi mare otro beso
le pedí yo a la muralla
y me respondió el viento:
¿pa qué vienes con querellas
si ella no tiene remedio?

A la mañana siguiente, viernes y hace ahora dos días, para no variar la costumbre que había cogido, se fue otra vez a la taberna de 'el Polinario', para seguir escuchando y haciendo cante. Allí se volvió a encontrar con Don Manuel y con Miguel Cerón. Y, claro, con Federico García Lorca.

Lorca era un sol soberano y una noche serena, un muchacho demasiado fino para este mundo asqueroso. 'El Tenazas' le miraba y le daban ganas de curarle, como si tuviera una invisible herida de muerte.

Era un lirio.

Conociéndose de tan poco y a pesar de la diferencia de edad, para el cantaor ya era su compadre. Se pusieron a charlar y 'el Tenazas' le dijo:

—Don Federiquillo, no me hable usté tan rápido ni con tanta sabilocuensia que no le entiendo ná.

El poeta se reía y seguía hablando y hablando, como una metralleta. No era de ley estar triste a su lado, ni tener contento lejos de su persona.

Lorca le contestó:

—Ustedes los gitanos tienen lo más elevado, lo más profundo, los más aristocrático de esta Andalucía nuestra, guardan el ascua, la sangre y el alfabeto de nuestra verdad más absoluta y universal.

Tenía preparados unos poemas que llamaba del 'Cante jondo' que decía que iba a publicar con el concurso, aunque tardarían unos años en ver la imprenta. El cantaor se sentía como encarcelado con sus palabras, mientras le escuchaba contarle que este escrito suyo estaba lleno de muchas cosas:

—Tiene sugestiones andaluzas —le decía—, un ritmo estilizadamente popular con cantaores viejos y la flora y fauna de las sublimes canciones de Silverio, el Juan 'Breva', 'el Loco' Mateo, 'la Parrala', 'el Fillo' y la muerte. Es un puzle americano, ¿comprende? —le seguía explicando, moviendo las manos como las mujeres—. El poema empieza con un crepúsculo inmóvil y por él desfilan la siguiriya, la soleá, la saeta y la petenera. El poema está lleno de gitanos, de velones, de fraguas, tiene hasta alusiones a Zoroastro. Estoy metiendo los remotos países de la pena. Y es tan nuevo todo lo que escribo que, sólo por el atrevimiento, merezco una sonrisa que usted me tiene que dar enseguidita.

—Don Federiquillo —le contestó sonriendo—, no le entendío lo que ma dicho, ni he escuchao todavía ná de eso poema suyo. Pero, si para usté un rato de hablar, yo le juro por la Torre de la Vela que me gusta mucho tó lo que ma dicho y que me gusta mucho tó lo que ha escrito.

Lorca le miró perplejo. Y enseguida se rió con tantas ganas que parecía que se le iban a aflojar las tripas. Y 'el Tenazas' también se rió mucho. Y todos los presentes en la taberna les miraban curiosos, pero les daba igual y siguieron con las risas que sólo entendían ellos dos. Cuando se les calmó el ataque de parafernalia y cachondeo, el poeta preguntó:

—¿Soleá, siguiriya o petenera?

—Siguiriya —dijo el cantaor.

Y recitó Lorca:

> *La elipse de un grito*
> *va de monte*
> *a monte.*
>
> *Desde los olivos*
> *será un arco iris negro*
> *sobre la noche azul.*
>
> *¡Ay!*
>
> *Como un arco de viola,*
> *el grito ha hecho vibrar*
> *largas cuerdas del viento.*
>
> *¡Ay!*
>
> *(Las gentes de las cuevas*
> *asoman sus velones)*
>
> *¡Ay!*

Y 'el Tenazas' pensó que el cuerpo le encogía, porque la voz del muchacho le hacía daño y todo era sangre y noche afiladas.

—Siga, siga… —le pidió.

Lorca, puro lirio, continuó:

> *Oye, hijo mío, el silencio.*
>
> *Es un silencio ondulado,*
> *un silencio*
> *donde resbalan valles y ecos*
> *y que inclina las frentes hacia el suelo.*

Entre mariposas negras
va una muchacha morena
junto a una blanca serpiente
de niebla.

Tierra de luz,
cielo de tierra.

Va encadenada al temblor
de un ritmo que nunca llega,
tiene el corazón de plata
y un puñal en la diestra.

¿A dónde vas, siguiriya,
con un ritmo sin cabeza?

¿Qué luna recogerá
tu dolor de cal y adelfa?

Tierra de luz,
cielo de tierra.

Entonces 'el Tenazas' no pude aguantarse el ansia, se fue a por el tocaor y le agarró del brazo para traerle donde estaba el poeta:

—Por siguiriya —le ordenó.

Y se arrancó como si se fuera a morir después.

Siguiriya

Camino arriba,
camino abajo,
cuando querrá mi Dios del cielo se acaben
estos trabajos.

Terminó el cante y el aire pesaba. El aire estaba tan duro como el acero.

Y se repetía a sí mismo, muy bajito, como si estuviera hablándole a la nada:

—¿A dónde va, siguiriya, con un ritmo sin cabesa?

Y Lorca le puso una mano en el hombro y dijo:

—Siguiriya, eres un camino sin fin, sin encrucijadas, un camino que termina en la sombra donde murió el primer pájaro y donde se llenó de herrumbre la primera flecha.

Y 'el Tenazas' creyó que el mundo era una ilusión aquella noche. Y después de las palabras de Lorca, que parecía un planeta, llegó la luz.

El primer día del concurso.

TENAZA

Tenaza. Ayer, 13 de junio de 1922, día grande del Corpus Christi, al fin estaban todos en la Plaza de Los Aljibes de la Alhambra, llena como si fuera a torear Ignacio Sánchez Mejías. Iban vestidos con trajes antiguos y era una fiesta.

En lo alto de la Alhambra.

Arriba, el Generalife; por lo bajo, la Vega iluminada. Iba a comenzar por fin el Concurso de Cante de Granada.

'El Tenazas' se estaba diciendo:

—Dieguito, tranquilo, tú no piense en el jurao.

Porque allí estaban dispuestos a decidir nada menos que Don Antonio Chacón y el maestro de la guitarra Andrés Segovia, entre otros muy notables. No quería pensarlo, pero lo pensaba, porque también estaban en esa plaza a aquella hora Manuel Torre y La Niña 'de los Peines', aunque no fueran parte del jurado.

Si había ido a Granada con miedo de parecer un abuelo, no se había equivocado.

Porque empezó cantando Juan Soler el de Linares, 'el Pescaero', con la guitarra de José Cortés, y le tocó después a un niño de once años, Manuel Ortega, sobrino de 'los Gallos' e hijo de su mozo de espadas. Un niño que acabaría siendo conocido como Manolo Caracol. 'El Tenazas' le miraba cuando aún no había empezado y le entraron las cuatro cosas y unas ganas incendiarias de salir de allí corriendo. Estuvo a punto de dar la 'espantá', pero el chiquillo se arrancó por siguiriya y el viejo cantaor se quedó clavado escuchándole aquello de:

Corre y dile a mi mare
que no llore más,
sino que vaya a la Audiencia de Cai
por mi libertad.

Esta siguiriya, cantada con primor y jondura, le convenció de que ese chaval iba a ganar el concurso. Y eso le quitó a 'el Tenazas' parte de los nervios y del miedo. A continuación fue el turno

de Carmen Salinas, alumna de 'el Cartero', acompañada por Montoya, cantando por soleares y siguiriyas. Y después, también cantó el mentado Frasquito 'Yerbabuena', acompañado por Montoya.

Sin que casi se diera cuenta, llegó su hora, su minuto y su segundo.

Subió al escenario y tuvo la impresión de que todos le miraban con los ojos muy grandes, como lechuzas. Y sintió que, de repente, le caían doscientos años encima y que no iba a ser capaz.

Pegó un suspiro que le rascó el pecho y miró al guitarrista para que no lo dejara para más tarde.

Siguiriya. Cabales de Silverio

¡Ábrase la tierra!
Yo no puedo más,
que para vivir como estoy viviendo
prefiero esmerar.

Acabó el cante rabioso, con los ojos muy cerrados y los puños apretados, sin querer oír ni ver nada. Al abrir los ojos poco a poco, la plaza entera aplaudía sin parar. Don Antonio Chacón se le acercó, con lágrimas en los ojos, y le abrazó:

—Pero ¿usté sabe lo que ha cantao? —le preguntó.

—¿Cómo no voy a saberlo? —le respondió temblando—, son la cabale que cantaba un maestro mío.

Tardaron en dejar de aplaudir.

Cuando pararon, tuvo que repetir el cante ante la insistencia del público.

La bailaora Juana Vargas, 'la Macarrona', gritaba a todo el mundo:

—¿Qué sus creíais pasmaos? ¡Ese viejo es la tensa!

'El Tenazas' se había transformado. Era todo y sólo voz. Y se sintió como 'el Fillo', como Silverio, como 'la Andonda', 'el Fósforo', 'Mecle', 'Casito', 'Chato' Jerez o Llorente. Y se fue por soleares de Paquirri.

Soleares de Paquirri el Guanté

Imagino entre mil,
a nadie en el mundo quiero
cuando me acuerdo de ti.

A ti se te va a lograr
divertirte con otro
que me es pa mí piedras tirar.

Siguió con la caña y recibió todavía más aplausos.

Como si le hubieran vaciado por dentro y con el sonido de los aplausos rebotando por todos sus órganos, se bajó del escenario.

Precisamente después subió 'la Macarrona'. Fue la hora brujísima del baile, antes de parar un poco, porque estaba todo como en carne viva en la Plaza de los Aljibes.

Retomaron el programa con los alumnos de la Escuela de Cante Jondo que se había montado hacía poco, todos granaínos: Antonia Zúñiga, que parecía una abuela igual que 'el Tenazas', y los niños Conchita Moya, María Sierra, Victoria Cano y Alejandro Espinosa.

Pero esa noche, la de ayer, la primera del concurso, no terminó ahí. Pensaba 'el Tenazas' que ya se podía morir tranquilo, que no iba a ver nada más grande en su vida cuando, después del cante por bulerías de María Amaya, 'la Gazpacha', con la guitarra de Pepe Cuellar, llegó el enorme Manuel Torre, por siguiriya:

Vamos a jincarnos de rodillas
que ya viene Dios,
va a recibirlo la pobrecita de mi mare,
de mi corazón.

Cantó esto Manuel Torre y la plaza, esa plaza en la Colina Roja de Granada, se fue convirtiendo en la apoteosis de los cielos con todos los santos y querubines de coros divinos, porque después los

espectadores ovacionaron a Don Antonio Chacón y le insistieron al maestro para que cantara, a lo que no se hizo de rogar, demostrando por qué Antonio Chacón es Don Antonio Chacón: siguiriyas, la caña y granaínas.

Granaína

> *Quiero vivir en Graná,*
> *porque me gusta oír*
> *la campana de la Vela*
> *cuando me voy a dormir.*

Hoy 'el Tenazas' no recuerda qué más pasó anoche, porque se quedó como colgado del viento. Vinieron después los gitanitos de las cuevas del Sacromonte, con sus zambras, ya en la 'madrugá', pero él ya no estaba en sí, porque se había ido por esos mundos egipcianos.

Le han contado esta mañana lo del cante y el baile de la zambra. Se lo han contado cuando precisamente se ha ido con unos juerguistas a celebrar todo lo ocurrido ayer. Y le han emborrachado.

Sí, ahora, en la segunda noche del Concurso de Cante de Granada, ahí está 'el Tenazas' de Morón otra vez en el escenario, aunque esta vez borracho perdido tras dejarse engañar por quienes le han animado hace unas horas a celebraciones con vino, especialmente en la taberna de Salud, la de Pinospuente, que no se cansaba de sacar jarras.

'El Tenazas', se ha dado cuenta tarde, se ha dejado convencer para beber sin ton ni son, sin ser consciente de que después tenía que cantar. Ha quedado comprobado que Diego Bermúdez Cala puede ser el más tonto de esta parte del Genil y de todo el Darro, porque a nadie más que él se le podría haber engañado de esta manera.

Y, por si fuera poco, está cayendo el diluvio universal en la Plaza de los Aljibes. Aunque, la verdad, la lluvia también le ha salvado, porque en el último cante antes del aguacero ha tenido que repetir tres veces 'la enterraron', ya que no se acordaba de la letra.

Y aquí está, encima del escenario, bajo la lluvia. El concurso parado porque cae agua con ganas, pero no se mueve nadie. Y mira que está tirando como para no tener sequía en diez años, pero da igual, que hasta se están tapando con las sillas con tal de no irse. Lástima las señoras… que lástima de peinados y de vestidos de época.

'El Tenazas' es de esos que habla más consigo que con los demás. Está pensando en aquel membrillo y en esta plaza.

Entre los vapores del alcohol, lo ve claro. En esta plaza de la Alhambra de Granada, en la Colina roja, negro el cielo y tirando agua como sí se fuera a acabar el mundo, doblado 'el Tenazas' por el vino y calado también como un pez, cerca de Don Antonio Chacón, de Manuel Torres y rodeado de tantas personalidades de las más principales, lo ve claro.

Allí entre el público, batuta, azúcar y lirio. Y él, 'el Tenazas', mirándoles bajo el chaparrón.

Pisó un membrillo podrido y ha comprendido. Pasa la carne, se rompe la carne con los años, pero queda el 'sentío'.

Queda el cante. Queda el bronce. Donde está temblando lo que no se ve. Al fin se le ha llenado la garganta de bronce.

En Granada.

«Soy una tenasa de bronse».

Toná

Mi persona es poca cosa
porque ya sólo soy cante,
una tenaza de bronce
que ve la muerte delante.

Si no es verdad
esto que ahora canto,
si no es verdad,
se me apaguen los ojos
y no te pueda ver más.

Autor:

**Gaztea Ruiz (Barakaldo, 1976)
Poeta, editor y periodista.**

www.ingramcontent.com/pod-product-compliance
Lightning Source LLC
Chambersburg PA
CBHW041524090426
42737CB00038B/117